69822714R00070

Made in the USA
Middletown, DE
22 September 2019